El Problema Con Los Secretos

por Karen Johnsen
ilustraciones por Linda Forssell

traducción de
The Trouble with Secrets
traducido por Maria Morales

PARENTING PRESS, INC.
Chicago

Nota a los padres

El propósito de este libro es ayudar a los niños a aprender cuando compartir y cuando guardar un secreto. La clave para ayudar a los niños a hacer esta distinción está en ayudarles a entender sus propios sentimientos.

Conforme se van presentando diferentes situaciones en el libro, pregúnte a los niños lo que sienten y lo que ellos harían en una situación similar.

Los secretos en sí no son malos, pero algunos, como los que causan ansiedad, deben ser compartidos y discutidos. Los niños deben saber que pueden compartir estos secretos aún cuando alguien les haya advertido lo contrario. De la misma manera, los niños deben saber que está bien guardar los secretos que les emocionan y divierten.

Al aprender a ser responsables por sus decisiones, los niños cometerán solo errores de los cuales aprenderán nuevas maneras de enfrentar situaciones incómodas o difíciles.

Algunos niños necesitan ayuda con los secretos que ya guardan. Este libro puede ser una herramienta para enseñarles a los niños que está bien compartir los secretos que conocen.

A través de este libro los niños aprenderán que está bien compartir los secretos que les inquietan y de igual manera, que está bien guardar los que les hacen sentir bien.

–Karen Johnsen

English text © 1986 by Karen Johnsen
Illustrations © 1986 by Linda Forssell
Spanish translation © 2004 by Parenting Press, Inc.
ISBN 978-1-88473-438-0

Parenting Press, Inc.
814 North Franklin Street
Chicago, Illinois 60610

Dedicado a Jill, Wendy, Amy, y Laila

El problema con los secretos es saber cuando compartirlos
y cuando guardarlos.

Si un secreto te preocupa o te lastima, entonces debes contárselo a alguien que te pueda ayudar.

Si el secreto te hace sentir bien, guárdalo hasta que llegue
el momento de compartirlo.

Si tomas las herramientas de papá sin permiso y te lastimas,
no te calles. Aunque pienses que papá se enojará contigo,
díselo inmediatamente. Tal vez sea necesario curarte
o llevarte a la doctora.

Si compras un regalo para mamá, guárdalo en secreto
hasta que ella lo abra y se sorprenda.

Si rompes el florero favorito de mamá, no lo guardes
en secreto. Aún si lo pegas, díselo antes de que le
ponga agua y se de cuenta.

Si quieres sorprender a papá con galletas de chocolate, guarda el secreto. Espera hasta después de la cena y lo sorprenderás. Tal vez hasta te de un abrazo.

Si alguien te hace daño, no guardes el secreto. Aún si te advierten que no digas nada, díselo a una persona de confianza. Puedes contárselo a tu mamá, a tu papá o a tu maestra. Seguramente ellos te ayudarán y te protegerán.

Si preparas pastelillos con una sorpresa de dulce adentro,
guarda el secreto. Espera hasta que alguien los muerda
y se sorprenda.

Si papá o mamá te dan medicina o vitamínas, eso está bien. Pero si otra persona te ofrece pastillas, no las tomes. No guardes el secreto porque las pastillas podrían enfermarte.

Si conoces el escondite para la llave de tu casa, no se lo digas
a nadie, !guárdalo en secreto! De esa manera solo tú y tu
familia podrán entrar a casa cuando esté cerrada y nadie
mas podrá encontrar la llave.

Si una persona adulta te ayuda a bañarte, eso está bien.
Pero si al restregarte te hace sentir mal o confundido,
entonces no está bien. Si alguien te tocó y te hizo sentir mal,
entonces no debes guardarlo en secreto. Díselo a alguien que te
escuche y te pueda proteger.

Si sabes donde está el nido de un pájaro, guárdalo en secreto.
Asi ayudarás a mamá pájara a proteger sus pajaritos.

Si tomaste algo sin permiso, no guardes el secreto. Aún si solamente lo tomaste prestado, necesitas decírselo a la persona y devolverlo inmediatamente.

Si conoces la clave secreta para entrar a tu club, guárdala en secreto. Compártela solamente con miembros de tu club o con otros que quieren ser miembros.

Si alguien te ofrece un dulce a cambio de que te vayas con él, no lo guardes en secreto. Dí "¡No!" y corre. Díselo a un adulto que te pueda ayudar.

Si vas a una presentación de magia y ves como el mago hace el truco, ¡guarda el secreto! Entonces aprenderás el truco y podrás sorprender a todos.

Si mamá te dice que habrá un bebé en tu familia y te pide que guardes el secreto, eso está bien. Ella te dirá cuando llegue el momento de contarlo. De todos modos, después de un tiempo todos se darán cuenta.

Si un médico necesita examinarte sin ropa y tu mamá o papá están contigo, eso está bien. Pero si alguien quiere que te quites la ropa, o te toca de una manera incómoda, eso **no** está bien. ¡No lo guardes en secreto! Tienes que decir "¡No! ¡Voy a decirlo!" Luego corre a contárselo a un adulto en quien confíes. Ellos te protegerán y te ayudarán a sentirte mejor.

Si uno de tus padres comparte un secreto contigo y te pide
que no se lo digas al otro, eso tal vez pueda confundirte.
Si te preocupas y no lo entiendes, entonces díselo a ambos.
Diles lo que sientes y pídeles que no te digan cosas que no
quieren que compartas. Habla con tu abuela o abuelo o una tía
o un amigo de lo que sientes. Ellos te ayudarán.

Si conoces el final de un cuento, guárdalo en secreto.
Espera a que tu amiga haya acabado de escuchar
el cuento. Después de escuchar el cuento, juntos
podrán discutir lo divertido que fué el final.

Lo importante de los secretos es saber cuando
guardarlos y cuando compartirlos.

Si un secreto te preocupa o te hace sentir mal,
compártelo. El contarlo te hará sentir mejor.

Si un secreto te hace sentir bien, entonces guárdalo.
Espera el momento adecuado, y luego compártelo.
Si compartes un buen secreto demasiado pronto,
entonces arruinarás la diversión.

Pronto aprenderás cuando compartir los secretos
y cuando guardarlos.

¿Qué harías si tu amigo te llama y te dice que está
planeando una fiesta sorpresa de cumpleaños para
tu hermano y quiere que guardes el secreto?
¿Lo dirías? ¿Por qué?

¿Qué harías si tus amigos se pusieran a jugar con fósforos
y cohetes y te pidieran que no se lo digas a nadie?
¿Lo dirías? ¿Por qué?

Recuerda que lo importante de los secretos es decidir si debes
compartirlos o no. Si los secretos te confunden o te lastiman,
entonces debes contarlos. Díselo a un adulto en quien confíes.
Cuéntalo hasta que alguien te escuche. Si te sientes feliz y
emocionado, guarda el secreto hasta que llegue el momento de
decirlo. Y, no te sorprendas si alguien te recompensa con una
sonrisa y un abrazo.